VENDÉMIAIRE

Tout ce qui concerne LES COMPAGNONS ARIÉGEOIS, GROUPE D'ÉTUDES, doit être adressé à

ÉMILE DARNAUD

FOIX

FRANCE

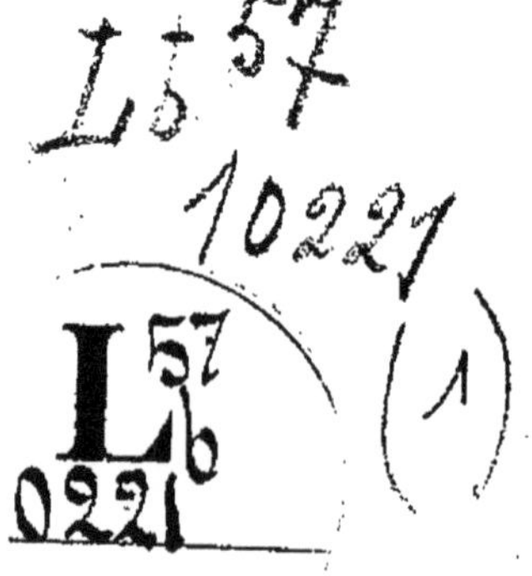

VENDÉMIAIRE

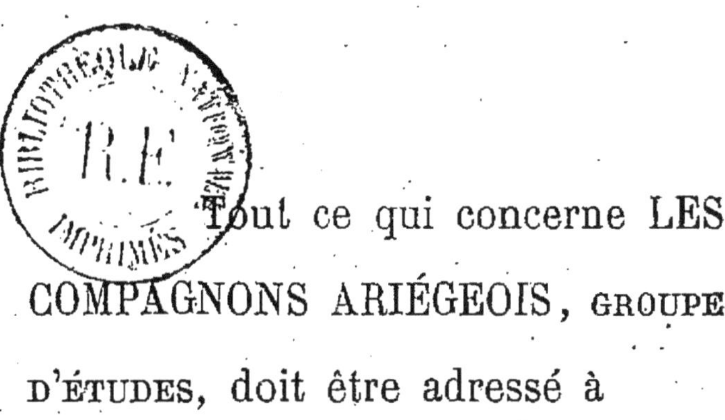

Tout ce qui concerne LES COMPAGNONS ARIÉGEOIS, GROUPE D'ÉTUDES, doit être adressé à

ÉMILE DARNAUD

FOIX

FRANCE

NIL DESPERANDUM

En 1854, un bâtaillon français, revenant des îles d'Aland sur un navire à voiles de la marine anglaise, fut assailli, dans le Skager Rak, par une tempête. Il fallut courir des bordées, pendant huit jours, entre la Norwège et le Danemark.

Nil desperandum ! telle était la devise inscrite en gros caractères au-dessus du gouvernail — devise résumant on ne peut mieux la maxime suivante du logicien qui nous guide avec une stoïque ténacité :

« *Le meilleur moyen de ne pas donner prise au désespoir, c'est d'envisager les choses comme elles sont et de ne jamais se bercer d'illusions.* »

Voilà pourquoi, en publiant nos brochures, nous n'avons compté que sur nous-mêmes, sans négliger de prévoir les mésaventures. — Or, jusqu'à présent, il ne nous est arrivé qu'encouragements et succès.

Continuons! mais « *ne nous berçons pas d'illusions.* »

PARIS

Louise Michel l'a dit bien souvent : *Il n'y a pas de révolte sans motif, pas de révoltés contre quoi que ce soit qui ne doivent nous être sympathiques.*

Si quelques camarades sont brouillons ou détraqués, c'est par la faute de la société actuelle ; et ces victimes ont droit à notre sympathie — même quand on les voit se révolter contre les révoltés.

Certes, il est beau de ne se révolter que *par amour* pour les misérables ; mais comment blâmer les déshérités qui se révoltent *par haine* des parasites ?

Et quand vous cherchez à transformer cette haine contre les exploiteurs en amour pour les compagnons d'infortune, ne soyez pas surpris que les désespérés se révoltent contre vous-même, pour tant que vous méritiez le titre de révolté.

Qui nous dit, d'ailleurs, que ceux qu'on a vu devenir anarchistes par bonté ne deviendront pas violents à force de déceptions ?

ARIÈGE

Il me semble que les sentiments extrêmes sont de courte durée, tandis qu'une résolution prise avec calme est définitive. Je crois donc que les anarchistes les plus solides sont ceux qui savent rester maîtres d'eux-mêmes.

LA REVUE SOCIALISTE

(8, rue des Martyrs, à Paris. 1 franc le numéro).

Nous recevons le numéro 45 de cette revue. Nous y remarquons un article sur dom Deschamps, prieur des Bénédictins de Montreuil-Bellay, en Poitou, né, vers 1717, à Rennes, *précurseur du communisme-anarchiste.*

Le livre capital de ce moine ne fut pas édité; il est intitulé *Le vrai système.* Découvert dans la bibliothèque de Poitiers par Émile Beaussire, professeur à la Faculté des lettres de cette ville, il fut mis en lumière par un ouvrage que publia ce professeur en 1865.

Nous découpons, dans le très curieux article de Benoît Malon, le passage suivant :

« D'après *Le vrai système*, l'évolution progres-
« sive de l'humanité est marquée par trois *mo-*
« *ments* capitaux : l'*état sauvage*, ou état de
« nature; l'*état de loi*, ou état actuel; l'*état de*
« *mœurs*, ou état communiste libertaire.

« Nous sommes à la fin de l'*état de loi*, si plein
« de souffrances, de ténèbres et d'iniquités; nous
« devons par la science et la justice franchir les
« limites qui nous séparent de l'*état de mœurs*,
« état idéal où, sans loi d'aucune sorte, les
« hommes éclairés, conscients, justes et bons,
« vivront heureux dans l'égalité, la liberté, la
« fraternité, la solidarité. »

PARIS

Le socialisme, qui a fait de grands progrès en Italie, depuis une vingtaine d'années, y est surtout représenté par *le parti ouvrier*, dont le centre est à Milan, et par *les anarchistes* répandus à Gênes, Turin, Livourne, Florence, Milan, Naples, et dans la Romagne.

Remarquez bien que le parti soi-disant démocratique (républicains-bourgeois, francs-maçons) a tout fait pour empêcher l'éclosion du socialisme.

L'ANARCHISTE ET LE CANDIDAT

Un ami nous gratifie du dialogue suivant entre LE PÈRE POINTET et MONSIEUR RISQUET.

* * *

— Tiens ! c'est vous, M. Risquet ? Je ne m'attendais guère à votre visite.

— Et pourquoi donc, père Pointet ? Est-ce

qu'un travailleur honnête comme vous n'est pas l'égal de tout le monde ?

— Ah bah ! vous, riche bourgeois, vous considérez comme des égaux les pauvres prolétaires ?

— Vous n'en douteriez pas si vous vous étiez adressé à moi quand vous saviez quelque malheureux aux prises avec la misère.

— Tiens, tiens ! seriez-vous philanthrope ?

— Quelle âme sensible ne le serait !

— Eh quoi ! vous parlez d'âme ! Vous y croyez donc à l'âme ?

— Rassurez-vous ! je suis membre d'une société de libre-pensée.

— Votre libre-pensée ne suffit pas ; c'est l'athéisme qu'il nous faut.

— Ne l'ai-je pas toujours dit ? Hébert, Chaumette, Marat : voilà des hommes !

— Eux, des hommes ? Voulez-vous bien vous taire ! Ces prétendus révolutionnaires de 93 ne peuvent plus être, à nos yeux, que d'affreux réactionnaires ; il nous faut, aujourd'hui, des anarchistes de ma trempe.

— Je suis tellement de votre avis que je

voudrais un député qui fît valoir vos principes à la tribune.

— Que diable venez-vous me parler de tribune et de député ! Il faut supprimer tout cela : voilà mon opinion.

— Ce serait aussi la mienne ; malheureusement, il faudra des députés pour demander la suppression des députés et de leur tribune. Je voudrais donc un homme de cœur et d'intelligence pour faire prévaloir les revendications du peuple.

— Vous avez raison, M. Risquet ; il nous faudrait un homme comme vous, n'est-ce pas ?

— Hélas ! vous n'êtes pas le seul à avoir cette idée : les comités me pressent d'accepter la candidature.

— L'acceptez-vous ?

— Mon cher ami, que vous dirai-je ? J'ai des goûts modestes ; je ne recherche pas les grandeurs ; mais enfin, s'il faut sacrifier ma tranquillité personnelle au bonheur des masses populaires...

— Allons ! vous vous sacrifierez, si vous êtes vraiment anarchiste.

*

— Je le suis ; et, en théorie, je l'ai toujours été.

— Il ne suffit pas de l'être en théorie ; il faut l'être en pratique.

— Évidemment.

— Quoi ! vous êtes prêt à réaliser le communisme-libertaire ?

— Oui ! je suis prêt à socialiser la propriété individuelle, en m'écriant : ni dieu ni maître ! et en proclamant l'homme libre, la femme libre, l'amour libre, dans l'univers libre !

— Sachez, M. Risquet, que le père Pointet, lui, est tout simplement prêt, comme d'habitude, à s'abstenir de voter, car les candidats, quels qu'ils soient, sont des farceurs.

IL RISCATTO

ORGANO DEL CIRCOLO AMILCARE CIPRIANI

Corso Cavour, N° 400, Messina.

Nous arrivent de Messine les numéros du 30 août et du 13 septembre.

PARIS

Je crois qu'un journal anarchiste paraissant tous les jours serait si différent du journal hebdomadaire *La Révolte*, que ces deux organes, au service d'une même idée, ne pourraient que se compléter et se soutenir l'un l'autre.

La création d'un journal quotidien n'offre donc d'autre inconvénient que d'être difficile à réaliser.

Il faudrait des rédacteurs émérites, afin de ne pas perdre en intensité ce qu'on gagnerait en extension.

Et, quand on serait parvenu à recruter une bonne rédaction, on aurait à trouver de l'argent, beaucoup d'argent ; il faut sacrifier bien des milliers de francs pour lancer un journal quotidien, si on veut faire œuvre durable.

ITALIE

Un compagnon nous envoie le manifeste intitulé : *Les travailleurs italiens aux travailleurs français.*

LA RÉVOLTE

ORGANE COMMUNISTE-ANARCHISTE

140, rue Mouffetard, à Paris.

Nous arrive de Paris le numéro 2 de la deuxième ou, pour mieux dire, de la onzième année.

Nous y remarquons le compte rendu de la tournée du compagnon Tortelier dans les Ardennes.

LIVOURNE

Si les politiciens bourgeois de France et d'Italie ont entre eux une haine féroce, nous autres, travailleurs des deux pays, nous nous tendons la main fraternellement.

SAINT-ÉTIENNE

Les mineurs sont exaspérés.

Depuis 1869 le travail a été presque doublé et le salaire a diminué de près d'un quart.

La Compagnie de la Loire vient de violer la promesse qu'elle avait faite d'accorder une augmentation de vingt-cinq centimes par jour.

MARSEILLE

Je vous envoie un manifeste daté du 16 septembre : GLI ANARCHICI DI MARSILIA AGLI OPERAI D'ITALIA.

BOURGES

Dans les villes du Cher, telles que Bourges, Saint-Amand, Vierzon, Charost et La Guerche, il y a un grand courant socialiste, mais dont le but actuel est de s'emparer du pouvoir.

Cependant, sur plusieurs points du département, les anarchistes commencent à apparaître avec leurs principes de justice et de vérité. A Bourges, ils ont formé un groupe d'études sociales et une bibliothèque gratuite.

LA RIVENDICAZIONE

Via Torri, Palazzo Felici, Forli.

Nous arrive de Forli le numéro du 22 septembre, et nous y lisons, dans la *Piccola Posta*, ce qui nous concerne.

AU VOLEUR !

Pamphlet-journal des revendications de la plèbe.

RÉDACTEUR EN CHEF : E. ODIN.

Bureaux : 7, rue Jeanne, à Paris.

Nous arrivent de Paris six exemplaires du premier numéro.

« Le rédacteur de ce pamphlet en est en même temps le propriétaire, le gérant, le compositeur, l'imprimeur et le directeur politique. »

En d'autres termes, le compagnon Odin revendique hautement toute la responsabilité du journal qu'il publie à dix centimes l'exemplaire.

CANADA

Nous arrivent de Pensylvanie dix exemplaires du troisième numéro du RÉVEIL DES MASSES, journal qui, étant destiné au Canada, est rédigé en français.

Les abonnements pour la France seront servis

au prix de : 50 centimes pour six mois, 1 franc pour un an.

S'adresser au compagnon F. Moreau, 162, rue Marcadet, à Paris.

*
* *

Bibliographie.

Messidor est une brochure publiée par les Compagnons Ariégeois.

Nous l'avons reçue et lue avec plaisir et nous faisons circuler l'envoi des camarades dont nous espérons de fréquentes nouvelles.

PARIS

Cipriani, qui a toujours été enfermé depuis 1871, n'a pu suivre l'évolution socialiste. De là, une déception chez beaucoup de compagnons italiens qui espéraient le trouver en parfaite communion d'idées avec eux. Il a besoin de se remettre au courant du mouvement ; mais il m'a dit très nettement qu'il saura bien se tenir sur la réserve. Les républicains bourgeois et les possibilistes d'Italie ont tâché de le circonvenir. De là, explosion des fougueux anarchistes d'Italie. Ceux de Marseille ont déjà fait un manifeste pour engager les ouvriers à ne s'attacher qu'aux idées et non aux hommes. J'aime beaucoup Cipriani, je respecte son grand caractère, mais je ne puis donner tort absolument aux camarades qui prêchent l'idée pure. Cipriani est un de ceux qui ne trahissent pas, mais qui peuvent se tromper.

LA RÉVOLTE

ORGANE COMMUNISTE-ANARCHISTE.

Nous arrive de Paris le numéro du 30 septembre:

Les anarchistes de Marseille demandent que, jusqu'à nouvel avis, il leur soit envoyé cinq cents exemplaires de plus que d'habitude.

Bravo !

LA QUESTIONE SOCIALE

VOCE DI LAVORATORI

Fermo in posta, Firenze.

Nous arrivent de Florence les numéros du 23 et du 30 septembre de ce journal anarchiste qui nous encourage en ces termes :

Dagli infaticabili nostri compagni arieggiani abbiamo ricevuto il nuovo opusculo *Thermidor* che fa seguito a *Messidor*. A giorni escirà l'altro *Fructidor*. Questi opuscoli si distribuiscono gratis e sono di gran valore per la propaganda.

LA CRITIQUE SOCIALE

Rue des Grottes, 24, Genève.

Nous arrive de Genève le numéro 7, qui porte un article bibliographique sur la brochure du compagnon Guy (de Béziers) : *Les Préjugés et l'anarchie.*

IL NUOVO COMBATTIAMO!

Genova, tipografia Ferrando-Marsano.

Trimestre L. 1.

Per l'estero le spese postali in più.

Un compagnon de Livourne nous envoie le numéro 8 de ce journal de Gênes dans lequel nous lisons ce qui suit :

PUBLICAZIONI UTILI.

Fu publicato il nuovo opuscolo *Thermidor* che fa seguito a *Messidor*. A giorni uscirà l'altro *Fructidor*. Questi importantissimi opuscoli si ditribuiscono gratis.

APPEL DE CIPRIANI

Nous arrive cette circulaire rédigée en français et au sujet de laquelle on nous écrit de Paris :

« Cipriani, plus homme d'action que penseur
vient de faire un pas de clerc. Son manifeste en
faveur de l'union des races latines laisse en
quelque sorte les autres races hors de l'huma
nité. Pas un mot du socialisme. Rien que l
monnaie courante des radicaux : Magenta, Sol
férino, Nuits, Dijon.

« Et si vous connaissiez les partisans de l'al
liance latine à Paris !...

« Certes, le général Türr qui les patronne es
aussi brave que richissime ; mais les bourgeoi
affaristi (faiseurs d'affaires) qui arborent l
drapeau de l'alliance latine et les affamés qui le
suivent sont humbertistes, républicains, radi
caux, collectivistes, selon les circonstances.

« Il fallait tout autre chose qu'un comité cen
tral de l'union des races latines. Il fallait un
ligue internationale vraiment socialiste révolu
tionnaire.

« Que cette ligue se fût d'abord occupée d
l'union des peuples français et italien, d'accord
— On a plus d'action sur les groupes italien
que sur les allemands qui, surveillés, compri
més, se tiennent sur la réserve.

« Mais ce qu'il faut éviter absolument c'est que le parti chauvin, en France, s'empare du pouvoir. — Ce n'est pas pour MM. Boulanger et Deroulède que les prolétaires étrangers sont disposés à se faire tuer. »

LA RÉVOLTE

Nous arrive de Paris le numéro du 7 octobre, dans lequel nous remarquons ce qui suit :

« Nous sommes partisans de la propagande des idées surtout, plutôt que des appels à la force. — Nous considérons que *l'action*, pour être profitable, doit être *consciente* et *raisonnée.* »

LA RIVENDICAZIONE

Nous arrive de Forli le numéro du 6 octobre où nous trouvons une lettre du vaillant Angelo Azzati. — « *Di fretta e furia.* »

MARSEILLE

Caro compagno,

Ho recevuto il *Fructidor*. Grazie. Trovo utile lo scopo delle vostre mensili pubblicazioni e mi auguro che portino i loro frutti alla causa della Rivoluzione, dando un bricciolo di coscienza a questi poverì operai abbrutiti dalla miseria e da una educazione servile e corruttrice. La società marcisce da tutti i lati ; la cangrena si estende su questo putrido corpo sociale, quindi l'opera del chirurgo è necessaria. Il ferro e il fuoco potranno soltanto eliminare i microbi che avvelenano la vita dei lavoratori.

Propagiamo incessantemente le idee del comunismo anarchico perchè in esse, nella loro attuazione, sta la salute e la vera libertà del popolo. Facciamo comprendere al povero ed illuso lavoratore la fallacia delle vane riforme che i politicastri di tutte le cotte decantano come rìmedi aì mali sociali ; facciamogli comprendere che l'unica via, la sola che possa affrancare l'umana personalità dalla ferrea schiavitù del capitale, si ha nella Rivoluzione sociale, mezzo per conseguire la vita anarchica e comunista.

Lavoriamo che il tempo stringe !

FRANCE ET ITALIE

Le gouvernement italien prépare la guerre contre la France.

Cipriani s'imagine, au contraire, que l'union des races latines est possible en vue d'une guerre entre la France et l'Allemagne.

Les anarchistes croient qu'en cas de guerre les prolétaires de tous les pays devront se lever contre les rois et faire la révolution universelle.

Une quatrième opinion nous arrive de Gênes :

« Je veux m'expliquer en français, bien que je ne sois pas fort dans cette belle langue.

« Avec Crispi, nos affaires vont mal. Croyez à ma parole qu'ici règne l'envie d'une guerre fratricide avec la France.

« Mais je désire cette guerre abominable ! je la désire pour en finir avec notre ambition, étant certain que nous trouverons notre Sedan et que cette lutte réussira favorable à la France.

« La victoire française sera toujours une marche en avant, tandis que la victoire italienne serait une défaite détestable pour le progrès. »

IL NUOVO COMBATTIAMO

Nous arrive de Livourne le numéro du 6 octobre de ce journal de Gênes.

GROUPE DE PAMIERS

Deux délégués, l'un pour représenter les ouvriers de la métallurgie, l'autre pour représenter les travailleurs des campagnes, seront envoyés au congrès qui s'ouvre à Bordeaux le 28 octobre.

Le groupe de Pamiers, considérant que le Conseil municipal a récemment alloué 300 francs à une société musicale pour aller à un concours, demande pareille somme pour les délégués au congrès de Bordeaux.

Le Conseil municipal, composé en grande majorité de réactionnaires, n'a accordé que 100 francs.

FOIX

Pour élaborer les idées révolutionnaires il faut du génie ou tout au moins de la logique.

Pour propager ces idées, il faut du caractère ou tout au moins de la bonté.

Pour réaliser ces idées, il faut du dévouement ou tout au moins de la haine.

Génie, logique, caractère, bonté, dévouement, haine forment une série progressive qui va de ce qu'il y a de plus rare, le génie, à ce qu'il y a de plus commun, la haine.

On peut posséder un ou plusieurs éléments de cette série ; voilà pourquoi les anarchistes sont si différents les uns des autres. Comment, par exemple, celui qui agit par bonté ressemblerait-il à celui qui agit par haine ?

Mais tous ont le même but. Et ils se complètent les uns les autres.

LA RÉVOLTE

Nous arrive le numéro du 14 octobre dans lequel nous découpons une citation bien curieuse :

« Presque toutes les institutions civiles ont été faites pour les propriétaires. On est effrayé, en ouvrant le code des lois, de n'y découvrir partout que le témoignage de cette vérité. On dirait qu'un petit nombre d'hommes, après s'être partagé la terre, ont fait des lois d'union et de garantie contre la multitude, comme ils auraient mis des abris dans les bois pour se défendre des bêtes sauvages. »

NECKER. *Législ. et comm. de grains.)*

LE ÇA IRA

Adresser tout ce qui concerne le journal au compagnon Constant Martin, 111, rue Montmartre, à Paris.)

Nous arrive le huitième numéro qui annonce l'apparition prochaine du « ÇA IRA » QUOTIDIEN.

A cet effet, le *Ça ira* adresse aux camarades un appel dans lequel nous remarquons ce qui suit :

« Aujourd'hui, que la masse des exploités, exaspérée par la conduite écœurante du gouvernement républicain, laquais du capitalisme, se détache complètement de tous les partis politiques et manifeste ses besoins de bien-être, de liberté, de justice, par l'abstention électorale, par son mépris des législateurs et par des grèves multiples — un journal vraiment révolutionnaire s'impose. D'autant plus que nous n'avons même plus la mince fortune d'un quotidien insérant de mauvais gré nos convocations et communications. »

*
* *

Terminons notre opuscule de Vendémiaire reproduisant l'article que nous consacre LE IRA !

Bibliographie.

Fructidor. — Nous recevons la brochu mensuelle des *Campagnons Ariégeois.* Comme s devancières, elle est remplie de bonnes chose il y a du décousu dans ces feuillets ; ces bouts lettres accolés manquent un peu d'ensemble mais c'est cela même qui en fait le charme. I vie est saisie sur le vif ; on sent que les dive individus qui, inconsciemment, ont collaboré cette publication, pensent ce qu'ils disent ; vo tâtez les convictions, vous les sentez exubérant entre les lignes.

Il n'y a pas, dans ces alinéas, le guindé d'u article ou d'une vraie brochure — l'appréhe sion du lecteur ne s'y voit pas. C'est un ami q écrit à des camarades, donne ses appréciatio sur la question du moment, l'événement d jour.

Et c'est justement parce qu'elles n'ont pas

prétention, sont dépourvues de pédantisme, que les brochures des *Compagnons Ariégeois* rendront certainement de grands services aux idées anarchistes. Le lecteur qui ignore les théories révolutionnaires est tranquillisé dès les premières pages ; — on ne cherche pas à le convaincre — cela le rassure et l'engage à continuer. Arrivé à la fin il est pris, et quelquefois mieux qu'avec un compendieux exposé très théorique et fort documenté.

En résumé, convaincus et inconscients ont profit à tirer à la lecture de ces brochures.

DÉCLARATION DES COMPAGNONS ARIÉGEOIS.

Il y a trois espèces de révolutionnaires : 1° les philosophes ; 2° leurs disciples ; 3° leurs agents.

Voltaire, qui écrivit en souriant *le Dictionnaire philosophique*, Rousseau, qui écrivit en rêvant *le Contrat social*, furent les philosophes de la grande révolution.

Leurs disciples, députés du Tiers-État à l'Assemblée nationale, prêtèrent le *Serment du Jeu de Paume*.

En définitive, qui réalisa cette folie sublime qu'on appelle la *Prise de la Bastille ?* — Les hommes d'action, agents grossiers, incultes et même féroces, mais sans lesquels la Constituante n'aurait rien pu constituer.

Il faut donc, pour une révolution, le concours des trois catégories de révolutionnaires.

AVIS AUX CAMARADES.

De divers côtés, et notamment de plusieurs villes d'Italie, nous viennent des demandes de brochures.

Nous sommes obligés de répondre que nos brochures, étant distribuées dès qu'elles paraissent, sont épuisées.

Mais nous aurons soin d'envoyer toutes nos futures publications aux nouvelles adresses qui nous arrivent.

Émile DARNAUD, éditeur.

Foix, imp. Pomiès — 1773

66

www.ingramcontent.com/pod-product-compliance
Ingram Content Group UK Ltd.
Pitfield, Milton Keynes, MK11 3LW, UK
UKHW020220180726
13838UKWH00005B/2105